MW01517910

Mira cómo crezco
El elefante

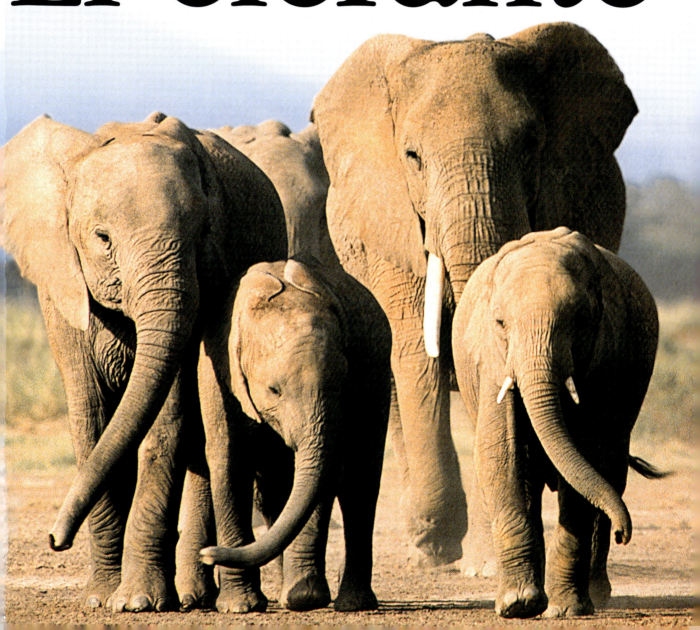

A Dorling Kindersley Book
www.dk.com

Original Title: Watch Me Grow: Elephant
Copyright © 2005 Dorling Kindersley Ltd. London

© Ed. Cast.: Edebé, 2006
Paseo San Juan Bosco, 62
08017 Barcelona
www.edebe.com

Traducción: Sara Sánchez

Queda prohibida, salvo excepción prevista en la Ley,
cualquier forma de reproducción, distribución,
comunicación pública y transformación de esta obra sin
contar con autorización de los titulares de la propiedad
intelectual. La infracción de los derechos mencionados
puede ser constitutiva de delito contra la propiedad
intelectual (artículos 270 y siguientes del Código Penal).
El Centro Español de Derechos Reprográficos
(www.cedro.org) vela por el respeto de los citados
derechos.

De venta en España

ISBN 84-236-7487-8
Printed in China

edebé

Índice

¡Camina con nosotros y mira cómo crecemos!

Soy un elefante

Soy muy grande. Vivo con otros elefantes en una manada. Uso mi larga trompa para llevarme agua y comida a la boca.

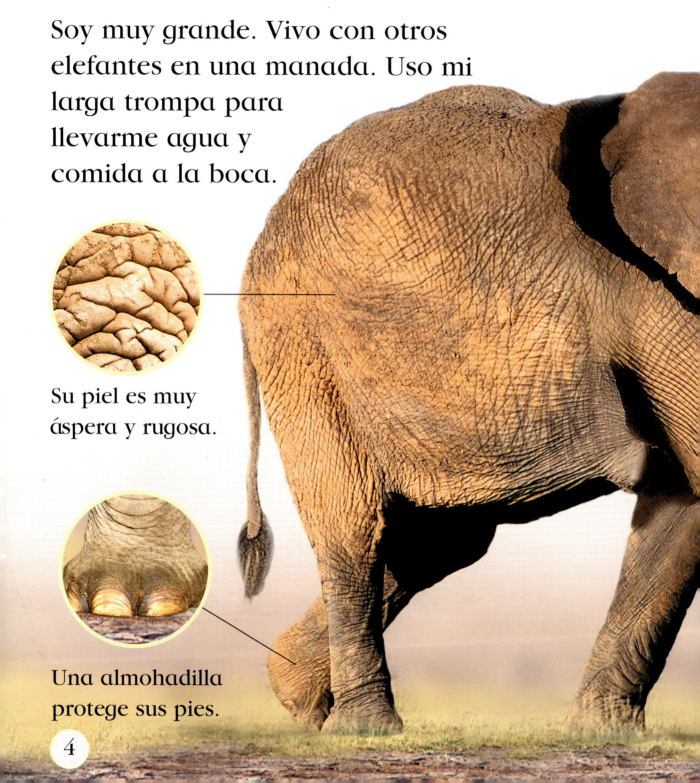

Su piel es muy áspera y rugosa.

Una almohadilla protege sus pies.

Los elefantes pueden
mover las orejas como si
fuesen abanicos para
refrescarse.

¡Sígueme! Pasa la página y mira cómo crezco.

Los elefantes
pueden tener
largos
colmillos.

Usan su trompa
para oler y
coger las cosas.

Mamá y papá

Mamá vive en una manada, con otras mamás, bebés y elefantes jóvenes. Papá, en cambio, vive solo. Mamá y papá se conocieron en el pantano.

Ésta es mamá...

Vivir en manada
La jefa de la manada es la elefanta más vieja. Ella guía a los demás para encontrar agua y comida.

...y éste es papá. ¡Fíjate en sus orejas!

Los elefantes macho viven solos o en pequeños grupos con otros machos.

Una hora después

Crecí dentro de mamá durante casi dos años. Al nacer, otros elefantes se quedan junto a mí hasta que soy lo suficientemente fuerte para caminar.

Aún soy muy débil.

Nada más nacer
Los elefantes recién nacidos están muy sucios. Las mamás lavan a sus bebés antes de que se levanten.

La mamá ayuda a su bebé
a ponerse en pie. _____

Baño en el lodo

Mi momento favorito del día es cuando todos nos damos un baño en el lodo. El barro es resbaladizo, pero nos libra de los bichos. Mamá se asegura de que me recubra todo el cuerpo.

El lodo protege a los elefantes de los rayos del Sol, los refresca y evita que les piquen los insectos.

El pequeño resbala en el barro, pero mamá está cerca para sujetarlo con la trompa.

¡Vamos allá!
Mamá empuja a su
pequeño para que suba
el desnivel. Aún pasará
tiempo antes de que
pueda hacerlo solo.

Tengo tres meses

Me gusta jugar y luchar con otros elefantes jóvenes. Mi trompa pesa mucho y tengo que esperar a ser más fuerte para poder usarla.

Cosas de elefantes

Los elefantes adultos duermen de pie, pero las crías a veces se tumban para dormir.

Un elefante adulto hace cada día un montón de caca que pesa más que tú.

Las crías beben leche de su mamá durante unos cinco años.

¡Peligro!

Los elefantes son tan grandes que es difícil atacarlos, pero con las crías es más fácil.

Cocodrilo

Guepardo

Cruzar el río

Cuando tengo seis meses, llegan las lluvias y el río crece. Tenemos que cruzarlo para buscar mejores pastos en la otra orilla. Me quedo muy cerca de mamá mientras lo atravesamos.

Los elefantes adultos ayudan a los pequeños levantándolos y empujándolos.

La trompa es muy práctica para respirar en el agua.

Aunque sean muy grandes, los elefantes son nadadores muy resistentes. Les divierte nadar y pueden hacerlo incluso en el océano.

Aprendo a comer solo

Aún bebo leche de mamá, pero ahora también puedo coger comida con la trompa. Mi familia dedica cada día varias horas a comer. Comemos hierbas, plantas, semillas y frutas.

Los elefantes jóvenes comen lo que encuentran cerca del suelo.

Los adultos alcanzan las hojas de los árboles.

Enrollar y estirar

Los elefantes usan su trompa para coger hojas y arrancar plantas sabrosas. Éste va a mascar una corteza.

Tengo cinco años

Ahora tengo una hermana pequeña. Tengo que enseñarle todo sobre cómo ser un elefante, igual que otros me lo enseñaron a mí, aunque aún faltan diez años para que yo acabe de crecer.

Éste soy yo.

Los elefantes crecen muy despacio y pueden vivir entre 60 y 80 años. Los machos abandonan la manada cuando tienen unos 13 años.

Mi hermanita y yo paseamos con mamá.

19

El ciclo de la vida sigue y sigue

Ahora ya sabes cómo me convertí en un gran elefante.

¡Hasta pronto!

Mis amigos de todo el mundo

Hay dos tipos de elefantes: el asiático y el africano.

Los elefantes asiáticos a veces se usan para transportar pesados troncos en la jungla.

Los de Asia tienen las orejas pequeñas y la cabeza abultada.

Los de África tienen la trompa
larga y las orejas muy grandes.

¡Ven a dar una vuelta!

Soy una cría de elefante africano.

Este elefante
indio está
disfrazado para
una fiesta.

Curiosidades

· ·

Los elefantes pasan unas
16 horas al día comiendo y sólo
de 3 a 4 durmiendo.

Los elefantes usan las
orejas para refrescarse. Su sangre
se enfría al circular por ellas.

Los elefantes son parientes
del manatí, un mamífero marino
que vive en aguas poco profundas.

Vocabulario

Macho
Cuando son adultos, los machos dejan la manada.

Manada
Grupo de elefantes que viven y viajan juntos.

Fértil
Una hembra que ya ha crecido y puede tener bebés.

Piel
La del elefante es muy áspera y rugosa.

Cría
Un elefante muy joven, de menos de cinco años.

Colmillos
Dientes largos y afilados que usan para pinchar y recoger comida.

Agradecimientos

El editor quisiera expresar su agradecimiento a los siguientes colaboradores por dar su consentimiento para reproducir las fotografías. (Abreviaturas: a=encima; c=centro; b=abajo; l=izquierda; r=derecha; t=arriba)
1 DigitalVision: Gerry Ellis c. 2-3 Still Pictures: Dianne Blell.
4 DigitalVision: Gerry Ellis cfl. 4-5 DigitalVision: Gerry Ellis.
5 OSF/photolibrary.com: Gerry Ellis/Digital Vision fr. 5 Zefa Visual Media: Steve Craft/Masterfile bcl. 6-7 Getty Images: Taxi/Stan Osolinski. 7 Andy Rouse Wildlife Photography: c.
8 OSF/photolibrary.com: Martyn Colbeck cl. 8-9 OSF/photolibrary.com: Martyn Colbeck. 10-11 OSF/photolibrary.com: Peter Lillie.
11 ImageState/Pictor: bcr. 11 Science Photo Library: Tony Camacho tr.
12-13 DigitalVision: Gerry Ellis. 13 DK Images: Irv Beckman crb; Jerry Young cr. 14 FLPA: Frans Lanting/Minden Pictures car. 14-15 N.H.P.A.: Martin Harvey. 15 Getty Images: Cousteau Society/The Image Bank tcl.
16 Corbis: Jeff Vanuga bl. 16 DigitalVision: Gerry Ellis c. 16-17 FLPA: David Hosking. 17 N.H.P.A.: Ann & Steve Toon car. 18 Bruce Coleman Ltd: cl. 18-19 Alamy Images: Steve Bloom. 20 Alamy Images: Martin Harvey cl. 20 Corbis: Martin Harvey/Gallo Images cb. 20 DigitalVision: Gerry Ellis c. 20 DK Images: Shaen Adey cbl. 20 ImageState/Pictor: Nigel Dennis bcr. 20 OSF/photolibrary.com: IFA-Bilderteam Gmbh cra; Martyn Colbeck ca, car. 20 Andy Rouse Wildlife Photography: tl. 20 Safari Bill Wildlife Photography: crb. 21 DigitalVision: c. 22 Ardea.com: Tom & Pat Leeson bl. 22 DK Images: Dave King c. 22 DigitalVision: Gerry Ellis tl. 22-23 Corbis: Paul Almasy. 23 DigitalVision: Gerry Ellis tr, br. 23 OSF/photolibrary.com: Peter Lillie cr. 24 DigitalVision: car; Gerry Ellis cla, cr, cbr. 24 FLPA: cl. 24 OSF/photolibrary.com: Martyn Colbeck cbl. Resto de imágenes © Dorling Kinderslay